AF253639

PAROLES

PRONONCÉES, LE 5 MAI 1865

AUX OBSÈQUES

DE

M. LE DUC D'HARCOURT

PAR

M. Augustin COCHIN

MEMBRE DE L'INSTITUT

MEMBRE DU COMITÉ POUR LA POLOGNE

CAEN

TYP. F. LE BLANC-HARDEL, LIBRAIRE,

RUE FROIDE, 2

—

1865

PAROLES

PRONONCÉES, LE 5 MAI 1865

AUX OBSÈQUES

DE

M. LE DUC D'HARCOURT

PAR

M. Augustin COCHIN

MEMBRE DE L'INSTITUT
MEMBRE DU COMITÉ POUR LA POLOGNE

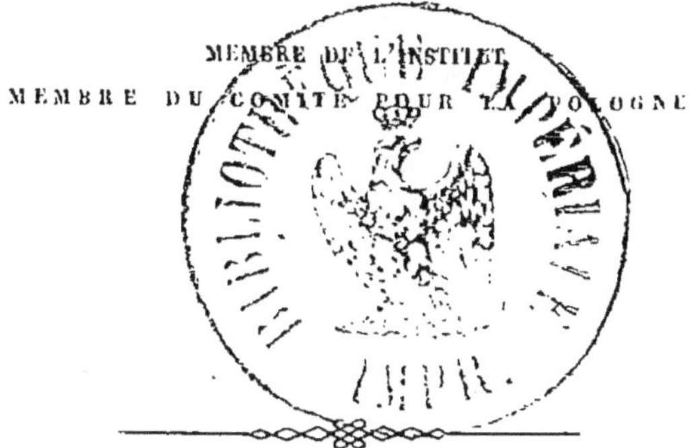

CAEN

TYP. F. LE BLANC-HARDEL, LIBRAIRE,
RUE FROIDE, 2

—

1865

Messieurs,

Vous trouverez juste qu'une voix s'élève, au milieu de cette nombreuse assistance, pour rappeler quels services ont rempli la longue carrière de M. le duc d'Harcourt. Au moment où les prières de l'Église, dans le sein de laquelle il a voulu vivre et mourir, l'accompagnent jusqu'aux portes éternelles, on m'a demandé de rendre un hommage public à cette chère mémoire, honorée par un si rare dévouement à la patrie et à la religion.

Prévenu trop tard pour qu'il me fût possible de me refuser convenablement au désir qui m'a été exprimé, ou de m'y préparer dignement, j'aurais voulu laisser la parole à quelques-uns de ceux qui m'écoutent, et sans prononcer aucun nom , dans une cérémonie où toute grandeur s'efface , il m'est permis de faire allusion à l'éminent orateur que M. le duc d'Harcourt aida à défendre devant la Chambre des pairs la liberté d'enseignement , ou à l'illustre président du Conseil des ministres , avec lequel il partageait naguère la direction du Comité pour la Pologne.

Peut-être vaut-il mieux, cependant, qu'une voix obscure sorte de la foule : cela est plus conforme à la modestie de M. d'Harcourt, et il est plus facile à un inconnu, qui n'a été ni le témoin , ni le collaborateur de sa vie , d'échapper aux passions, aux divisions , aux incidents qui accompagnent toujours une carrière politique ; de se placer en dehors et à distance de ces détails pour n'envisager que le mobile principal , toujours élevé et toujours pur , auquel cette carrière a constamment obéi.

A mes premières paroles , vous pouvez croire , Messieurs , que j'ai surtout envie de dire ici , aux pieds de l'Église (1) , ce que

(1) Ces paroles ont été prononcées dans la cour de l'église des Missions étrangères.

M. le duc d'Harcourt a fait pour la religion.
Mais je serais inspiré par un sentiment bien
mesquin, bien étroit, si j'entendais par là
seulement ce qu'il a pu faire pour telle ou
telle bonne œuvre, pour telle ou telle pieuse
institution. Non, non, toutes les fois qu'il a
travaillé pour l'honneur, pour la justice,
pour la liberté, pour l'infortune ; toutes les
fois qu'il a défendu la faiblesse, attaqué
l'oppression, aimé les vaincus, il a servi la
religion. Or, la vie de M. d'Harcourt a été
précisément remplie par ces nobles passions,
et le caractère propre de son âme était de
courir au premier appel d'un devoir géné-
reux, sans jamais se demander d'abord de
quel côté était le danger ou le succès. Il a
été du petit nombre des vengeurs de l'oubli,
des soutiens de la défaite, des courtisans
du désespoir. Nous ressentons tous, Messieurs, ces nobles sentiments ; mais conve-
nons, avec un humble retour sur la vie et
sur nous-mêmes, que les hommes qui sont
capables de sacrifier à ces sentiments quel-
que chose de leur temps, de leur bourse, de
leur popularité, de leur repos, forment ici-
bas un bien petit bataillon. Ils sont si rares
qu'ils en deviennent singuliers. M. le duc
d'Harcourt s'enrôla de bonne heure dans ce

petit bataillon, et il ne le quitta jamais. Né dans toutes les conditions du bonheur, de l'orgueil et de la fortune, il se souvint avec une ardeur passionnée des victimes du malheur, de l'humiliation et de l'infortune. Qui donc pensait, sous le Directoire et sous l'Empire, à cette noble nation grecque, berceau de la philosophie et des arts, placée, comme la tombe du Sauveur, entre les mains barbares des Turcs? A peine le vent de l'indépendance eut-il agité la terre hellénique, que M. d'Harcourt embrassa cette cause et y dévoua ses forces. On le vit, avec cette grande activité qui animait un si petit corps, partir pour la Grèce, voir, encourager, promettre, et de retour, exciter, donner, parler, comme si la Grèce était sa propre patrie et sa maison domestique. Qui pensait, sous la Restauration et sous la monarchie de Juillet, à quelques pauvres esclaves, travaillant sans salaire au fond de nos petites colonies lointaines? M. d'Harcourt éleva la voix pour ces malheureux, si injustement asservis; et à les défendre, il éprouva la joie secrète que l'on ressent à servir des gens qui l'ignorent et qui ne le sauront jamais. Qui pensait alors aussi, hormis deux ou trois hommes célèbres qui m'écoutent et

ne peuvent se soustraire à mes remercî-
ments, à la liberté de l'enseignement? Qui
donc, parmi les libéraux, se souciait des
religieux? Qui donc, parmi les religieux, in-
voquait la liberté? Il était digne de M. d'Harcourt d'épouser encore cette cause méconnue,
et nul n'avait le droit de reprocher d'aimer
les écoles libres à l'arrière-neveu de ces
Harcourt, fondateurs à Paris, au XIIIᵉ
siècle, des colléges d'Harcourt et de Lisieux.

La même passion de la justice attacha de
bonne heure M. d'Harcourt à la Pologne.
Ces vieillards et ces enfants polonais qui
m'entourent, avec ces constants défenseurs
d'une nation à laquelle on a tout enlevé,
tout, excepté la parole et le cœur; voilà des
obligés, des amis, des témoins émus, dont
la présence et les larmes sont bien autre-
ment éloquentes que mes faibles paroles.

J'attribue, Messieurs, au même sentiment,
à l'amour respectueux et tendre du malheur,
la préférence, le désir qu'exprima M. le duc
d'Harcourt lorsqu'il eut à choisir entre l'ambassade de Londres et celle de Rome. Il refusa
d'aller à Londres. Il eût estimé peu digne de
lui d'accepter un poste si éclatant aussitôt
après la chute d'un monarque auquel il avait
dû l'ambassade d'Espagne et qu'il avait servi

fidèlement. On ne pouvait l'accuser d'ambition, lorsqu'il accepta d'être envoyé à Rome, comme s'il pressentait qu'il aurait à se dévouer, dans ce poste, à la plus auguste des infortunes. Il y représenta le gouvernement de la République , lequel , disons-le bien haut, fut toujours si loyal et si respectueux envers le Chef de l'Église. Vous savez tous, Messieurs , et je n'ai point à raconter par quels événements le souverain pontife Pie IX, que Dieu destinait à couvrir , pendant des temps si difficiles, la majesté attaquée de ses fonctions, par l'irréprochable pureté de ses intentions, de ses vertus et de son caractère, fut conduit à entrer en lutte avec son peuple et même à quitter momentanément la Ville éternelle. Sans m'arrêter à aucun détail, je rappellerai que la Papauté dut, à cette époque, à M. le duc d'Harcourt, trois services considérables :

Ce fut lui qui obtint , je crois , du Gouvernement français l'autorisation pour l'illustre M. Rossi de devenir le premier ministre de Pie IX.

Ce fut lui qui , au moment où un coup de poignard fit tomber à la fois sur cette noble existence la mort et l'immortalité , se leva dans la tribune diplomatique, en présence de l'Assemblée honteusement impassible, et se retira, jugeant que devant un attentat sanglant, tout honnête homme a le droit, s'il ne peut résister, de protester du moins à la face du monde et du ciel.

Ce fut lui enfin qui, ayant obtenu que le Pape se dirigerait vers la France où tous les partis lui préparaient un accueil respectueux et filial, apprit que le Saint-Père préférait ne pas quitter l'Italie, et sacrifiant sur l'heure ses susceptibilités de diplomate déconcerté à ses devoirs de galant homme et de chrétien, couvrit et seconda le voyage du saint Pontife, qui vient aussi de couvrir et de seconder, par une bénédiction suprême, le dernier voyage du duc d'Harcourt. Le Souverain-Pontife a dû à ses malheurs dans tous les pays, des amis fidèles, dont quelques-uns m'entourent et le suivirent alors. Il n'en eut pas de plus prompt et de plus sûr que M. d'Harcourt. Quand il arriva à Gaëte, l'ambassadeur de France y était avant lui, et, pour le réchauffer, parce qu'il avait froid, il lui donna son manteau. J'ose dire que, dans cette période de sa vie, M. d'Harcourt n'a pas représenté seulement la nation française, mais aussi l'honneur français et la délicatesse française.

Il quitta bientôt ces fonctions pour rentrer dans la vie privée et y exercer dans ses terres, ou à Paris, quelques-unes de ces vertus dont il ne faut pas parler, parce qu'elles n'ont de prix que dans le secret. C'est là qu'il vivait heureux, honoré, entouré d'enfants dignes de leur nom et de leur père, lorsqu'il tressaillit en 1863, au premier soupir lointain de la Pologne renaissante. Il ressuscita avec elle, et pour elle il fit, avec de vieux et de jeunes amis de la liberté, ressusciter le droit de réunion. Président du Comité polonais, il sollicita la pitié pour ces braves gens qui payaient de leur sang la revendication de la justice, et on le vit, malgré son âge avancé, se remuer comme il l'avait fait autrefois pour la Grèce. Lorsqu'une vaste salle de Paris retentit de tant de nobles accents, on ne vit pas sans une admiration profonde les ouvriers, les orateurs, les journalistes, les littérateurs, les hommes politiques et la jeunesse des Écoles, entourer le huitième duc d'Harcourt, faisant, à 77 ans, appel à la sympathie publique pour un peuple infortuné. Ce spectacle eut de quoi réjouir et enorgueillir tous les amis de la France, en leur montrant que la société moderne peut trouver dans les plus dignes représentants des siècles écoulés, l'intelligence, le dévouement et l'exemple.

Messieurs, lorsqu'on a voué son cœur et sa vie à tant de causes généreuses, on peut mourir en paix, confiant dans le respect des hommes et la bonté de Dieu.

Demain, les restes mortels de M. le duc d'Harcourt seront conduits par ses fils dans la sépulture de la famille, au milieu d'une population habituée à s'incliner devant un nom si dignement et si anciennement porté.

Je ne sais quelle épitaphe on inscrira sur la pierre auprès de la couronne ducale et du manteau de pair de France. Mais je sais que cette épitaphe ne sera pas plus belle que celle qui s'inscrit au fond de nos cœurs, au moment où je parle. Cette petite église me rappelle l'humble sanctuaire où fut déposé à Rome l'illustre Rossi ; sur sa tombe se lisent ces simples mots : *Bonam causam assumpsit, miserebitur Deus !* Gravons aussi avec respect cette mâle et chrétienne inscription sur le monument à jamais élevé dans nos souvenirs à M. le duc d'Harcourt : « Il a choisi de bonnes causes ; Dieu lui sera miséricordieux. »

Caen. — Typ. Le Blanc-Hardel.